EMPFOHLENES BUCH:

Wer bist du wirklich?
Ein Guide zu den 16 Persönlichkeitstypen
ID16™©

Jarosław Jankowski

Wieso sind wir so verschieden? Wieso nehmen wir auf unterschiedliche Art Informationen auf, entspannen anders, treffen anders Entscheidungen oder organisieren auf verschiedene Weiseunser Leben?

„Wer bist du wirklich?" erlaubt es Ihnen, sich selbst und andere Menschen besser zu verstehen. Der im Buch enthaltene Test ID16 hilft Ihnen dabei, Ihren Persönlichkeitstyp festzustellen.

Ihr Persönlichkeitstyp:

Logiker
(INTP)

Ihr Persönlichkeitstyp:

Logiker
(INTP)

Serie ID16$^{TM©}$

JAROSŁAW JANKOWSKI

LOGOS
MEDIA

Ihr Persönlichkeitstyp: Logiker (INTP)

Diese Veröffentlichung hilft Ihnen, Ihr Potenzial besser zu nutzen, gesunde Beziehungen zu anderen Menschen aufzubauen und richtige Entscheidungen auf Ihrem Bildungs- und Berufsweg zu treffen. Sie sollte aber keineswegs als Ersatz für eine fachliche psychologische oder psychiatrische Beratung angesehen werden.

Der Autor sowie der Herausgeber übernehmen keine Haftung für eventuelle Schäden, die aufgrund der Nutzung dieser Publikation entstanden sind.

ID16™© ist eine vom Autor geschaffene Persönlichkeitstypologie, die nicht mit Typologien und Tests anderer Autoren oder Institutionen verglichen werden kann.

Aus Gründen der Lesbarkeit wurde im Text die männliche Form gewählt, nichtsdestoweniger beziehen sich die Angaben auf Angehörige beider Geschlechter.

Originaltitel: Twój typ osobowości: Logik (INTP)

Übersetzung aus dem Polnischen: Wojciech Dzido, Lingua Lab, www.lingualab.pl

Redaktion: Martin Kraft, Lingua Lab, www.lingualab.pl

Technische Redaktion: Zbigniew Szalbot

Herausgeber: LOGOS MEDIA

Druckausgabe: ISBN 978-83-7981-141-0
eBook (EPUB): ISBN 978-83-7981-142-7
eBook (MOBI): ISBN 978-83-7981-143-4

Inhaltsverzeichnis

Einführung

Ihr Persönlichkeitstyp: Logiker (INTP) stellt ein außergewöhnliches Nachschlagewerk zum *Logiker* dar, einem der 16 Persönlichkeitstypen ID16$^{TM©}$.

Dieser Guide ist Teil der Serie ID16$^{TM©}$, die aus 16 Bänden besteht, die den einzelnen Persönlichkeitstypen gewidmet sind. Sie liefern auf eine ausführliche und verständliche Art und Weise Antworten auf folgende Fragen:

- Wie denken und fühlen Menschen, die zum jeweiligen Persönlichkeitstyp gehören? Wie treffen sie Entscheidungen? Wie lösen sie Probleme? Wovor haben sie Angst? Was stört sie?

- Mit welchen Persönlichkeitstypen kommen sie gut klar, mit welchen hingegen nicht? Was für Freunde, Lebenspartner, Eltern sind diese Menschen? Wie werden sie von anderen betrachtet?

- Was für berufliche Voraussetzungen haben sie? In was für einem Umfeld arbeiten sie am effektivsten? Welche Berufe passen am besten zu ihrem Persönlichkeitstyp?

- Was können sie gut und an welchen Fähigkeiten müssen sie noch feilen? Wie können sie ihr Potenzial ausschöpfen und Fallen aus dem Weg gehen?

- Welche bekannten Personen gehören zum jeweiligen Persönlichkeitstyp?

- Welche Gesellschaft verkörpert die meisten Charakterzüge des jeweiligen Typs?

In diesem Buch finden Sie ebenso die wichtigsten Informationen zur Persönlichkeitstypologie ID16$^{TM©}$.

Wir hoffen, dass es Ihnen dabei hilft, sich selbst und andere Menschen besser zu verstehen und kennenzulernen.

DIE HERAUSGEBER

ID16™©
im Kontext Jungscher
Persönlichkeitstypologien

ID16™© gehört zur Familie der sog. Jungschen
Persönlichkeitstypologien, die auf der Theorie von
Carl Gustav Jung (1875-1961) basieren – einem
Schweizer Psychiater und Psychologen und einem
der wichtigsten Vertreter der sog. Tiefenpsychologie.

Auf Grundlage langjähriger Forschungen und
Beobachtungen kam Jung zur Schlussfolgerung,
dass die Unterschiede in der Haltung und den Vorlieben von Menschen nicht zufällig sind. Er erschuf daraufhin die heute bekannte Unterscheidung in Extrovertierte und Introvertierte. Ferner
unterschied Jung vier Persönlichkeitsfunktionen,
die zwei gegensätzliche Paare bilden: Empfindung
– Intuition und Denken – Fühlen. Jung betonte,

dass in jedem dieser Paare eine der Funktionen dominierend ist. Er kam zur Einsicht, dass die dominierenden Eigenschaften eines jeden Menschen stetig und unabhängig von externen Bedingungen sind, ihre Resultante hingegen der jeweilige Persönlichkeitstypus ist.

Im Jahre 1938 erschufen zwei amerikanische Psychiater, Horace Gray und Joseph Wheelwright, den ersten Persönlichkeitstest, der auf der Theorie von Jung basierte und die Bestimmung dominierender Funktionen in den drei von ihm beschriebenen Dimensionen ermöglichte: **Extraversion-Introversion**, **Empfindung-Intuition** sowie **Denken-Fühlen.** Dieser Test wurde zur Inspiration für andere Forscher. Im Jahre 1942, ebenfalls in den USA, begannen wiederum Isabel Briggs Myers und Katharine Briggs ihren eigenen Persönlichkeitstest anzuwenden. Sie erweiterten das klassische, dreidimensionale Modell von Gray und Wheelwright um eine vierte Dimension: **Bewertung-Beobachtung**. Die meisten der späteren Typologien und Persönlichkeitstests, die auf der Theorie von Jung basierten, übernahmen daraufhin auch diese vierte Dimension. Zu ihnen gehört auch u. a. die amerikanische Studie aus dem Jahre 1978 von David W. Keirsey sowie der Persönlichkeitstest von Aušra Augustinavičiūtė aus den 1970er Jahren. In den folgenden Jahrzehnten folgten Forscher aus der ganzen Welt, womit sie weitere vierdimensionale Typologien und Tests erschufen, die an lokale Bedingungen und Bedürfnisse angepasst wurden.

Zu dieser Gruppe gehört die unabhängige Persönlichkeitstypologie ID16™©, die in Polen vom

Pädagogen und Manager Jarosław Jankowski erarbeitet wurde. Diese Typologie, die im ersten Jahrzehnt des 21. Jahrhunderts veröffentlicht wurde, basiert ebenfalls auf der klassischen Theorie von Carl Gustav Jung. Ähnlich wie auch andere moderne Jungsche Typologien reiht sie sich in die vierdimensionale Persönlichkeitsanalyse ein. Im Falle von ID16™© werden diese Dimensionen als **vier natürliche Veranlagungen** bezeichnet. Diese Veranlagungen haben einen dichotomischen Charakter, ihre Charakteristik hingegen liefert Informationen über die Persönlichkeit eines Menschen. Die Analyse der ersten Veranlagung hat die Bestimmung einer dominierenden **Lebensenergiequelle** zum Ziel (äußere oder innere Welt). Die zweite Veranlagung wiederum bestimmt die dominierende Art und Weise, wie **Informationen aufgenommen werden** (mithilfe von Sinnen oder Intuition). Die dritte Veranlagung hingegen determiniert die dominante **Entscheidungsfindung** (Verstand oder Herz). Die Analyse der letzten Veranlagung schlussendlich liefert den dominanten **Lebensstil** (organisiert oder spontan). Die Kombination aller natürlichen Veranlagungen ergibt im Endresultat einen von **16 möglichen Persönlichkeitstypen**.

Eine besondere Eigenschaft der Typologie ID16™© ist ihre praktische Dimension. Sie beschreibt die einzelnen Persönlichkeitstypen in der Praxis – auf der Arbeit, im Alltag oder in zwischenmenschlichen Kontakten und Beziehungen. Diese Typologie konzentriert sich nicht auf die innere Dynamik der Persönlichkeit und versucht nicht, eine theoretische Erklärung für innere, unsichtbare

Prozesse zu finden. Viel mehr versucht sie zu erläutern, wie die jeweilige Persönlichkeit nach außen wirkt und welchen Einfluss sie auf ihr Umfeld nimmt. Diese Fokussierung auf den sozialen Aspekt einer jeden Persönlichkeit stellt eine Gemeinsamkeit mit der o. g. Typologie von Aušra Augustinavičiūtė dar.

Jeder der 16 Persönlichkeitstypen ID16™© ist eine Resultante natürlicher Veranlagungen des Menschen. Die Zuschreibung zum jeweiligen Typus birgt aber keine Bewertung. Keiner der Typen ist besser oder schlechter als die anderen. Jeder von ihnen ist schlichtweg anders und verfügt über seine eigenen starken und schwachen Seiten. ID16™© erlaubt es, diese Unterschiede zu identifizieren und sie zu beschreiben. Er hilft einem dabei sich selbst zu verstehen und seinen Platz auf dieser Welt zu finden.

Die Tatsache, dass Menschen ihr eigenes Persönlichkeitsprofil kennen, erlaubt es ihnen, voll und ganz ihr Potenzial zu nutzen und an all jenen Gebieten zu arbeiten, die ihnen Probleme bereiten könnten. Es ist eine unschätzbare Hilfe im Alltag, bei der Suche nach Problemlösungen, beim Aufbau gesunder zwischenmenschlicher Beziehungen sowie bei der Entscheidungsfindung auf dem Bildungs- und Berufsweg.

Die Identifizierung des Persönlichkeitstypus ist kein willkürlicher oder mechanischer Prozess. Jeder Mensch ist als „Inhaber und Nutzer seiner Persönlichkeit" in vollem Maße kompetent zu entscheiden, zu welchem Typus er gehört. Somit haben Menschen eine Schlüsselrolle in diesem Prozess. Solch eine Selbstidentifizierung kann zum einen dadurch erfolgen, dass man sich die Beschreibungen aller 16 Persönlichkeitstypen durchliest und schrittweise die Auswahl einengt. Zum anderen kann man aber auch den schnelleren Weg wählen und den Persönlichkeitstest ID16™© ausfüllen. Auch in diesem Falle spielt der „Nutzer einer Persönlichkeit" die Schlüsselrolle, denn das Ergebnis des Tests hängt einzig und allein von seinen Antworten ab.

Die Identifizierung soll dabei helfen, sich selbst und andere zu verstehen, wenngleich sie keinesfalls als Orakel für die Zukunft angesehen werden sollte. Der Persönlichkeitstyp sollte zudem nie unsere Schwächen oder schlechte Beziehungen zu anderen Menschen rechtfertigen (obwohl er helfen sollte, die Gründe hierfür zu verstehen)!

Im Rahmen von ID16™© wird die Persönlichkeit nie als statisch, genetisch determinierter Zustand verstanden, sondern als Resultante angeborener und erworbener Eigenschaften. Solch eine Perspektive vernachlässigt nicht den freien Willen und kategorisiert nicht. Sie eröffnet viel mehr neue Perspektiven und regt zur Arbeit an sich selbst an, indem sie Bereiche aufzeigt, in denen dies am meisten benötigt wird.

Der Logiker (INTP)

PERSÖNLICHKEITSTYPOLOGIE ID16™©

Profil

Lebensmotto: *Man muss vor allem die Wahrheit über die Welt kennenlernen.*

Originell, einfallsreich und kreativ. *Logiker* mögen es, theoretische Probleme zu lösen. Sie sind analytisch, scharfsinnig und begegnen neuen Ideen mit Begeisterung. *Logiker* vermögen es, einzelne Phänomene zu verbinden und mithilfe von ihnen allgemeine Regeln und Theorien aufzustellen. Sie agieren logisch, präzise und tiefgründig. Unklare Zusammenhänge und Inkonsequenzen werden von ihnen schnell erkannt.

Sie sind unabhängig und skeptisch gegenüber bereits vorliegenden Lösungen sowie Autoritäten.

Zugleich sind sie tolerant und offen für neue Herausforderungen. Versunken in Gedanken verlieren sie ab und an den Kontakt zur Außenwelt.

Natürliche Veranlagungen des *Logikers*

- Die Quelle seiner Lebensenergie: seine innere Welt.
- Informationsaufnahme: Intuition.
- Art und Weise wie Entscheidungen getroffen werden: Verstand.
- Lebensstil: spontan.

Ähnliche Persönlichkeitstypen

- *Stratege*
- *Reformer*
- *Direktor*

Statistische Angaben

- *Logiker* stellen ca. 2-3 % der Gesellschaft dar.
- Unter *Logikern* überwiegen Männer (80 %).
- Das Land, welches dem Profil des *Logikers* entspricht, ist Indien.[1]

---

[1] Dies bedeutet nicht, dass alle Einwohner Indiens zu dieser Gruppe gehören, wenngleich die indische Gesellschaft – als Ganzes – viele charakteristische Eigenschaften der *Logiker* verkörpert.

Buchstaben-Code

Der universelle Code des *Logikers* ist in den Jungschen Persönlichkeitstypologien INTP.

Allgemeines Charakterbild

Logiker sind überaus kreative, unkonventionelle und originelle Menschen. Sie vermögen es, einzelne Fakten und Erfahrungen zu verbinden und aus ihnen komplexe und kohärente Systeme zu erschaffen. Sie suchen ausdauernd nach Wahrheit und erforschen die Regeln, die die Weltordnung bestimmen.

Das Leben von *Logikern* spielt sich vor allem in ihrer vielfältigen inneren Welt ab. Nach außen wirken *Logiker* oft minimalistisch und versuchen, ihr Leben zu vereinfachen. Sie mögen es nicht, zu viele Sachen und Verpflichtungen zu haben. Dafür haben sie auch keine größeren Bedürfnisse. *Logiker* mögen keine Extravaganz und ihr Lebensstil ist eher schlicht. Dank einer solchen Haltung vermögen sie es, sich auf aktuelle Probleme zu konzentrieren.

Gedanken

Logiker zeichnen sich durch eine hohe intellektuelle Unabhängigkeit aus. Sie stellen oftmals gängige Meinungen infrage, zweifeln bereits existierende Lösungen an und erkennen Inkonsequenzen und Mängel in allgemein geltenden Theorien. *Logiker* sind misstrauisch gegenüber Autoritäten und hängen sehr an ihrer eigenen Meinung. Im Lichte

neuer Fakten vermögen sie es jedoch, ihre bisheri-
gen Ideen und Ansichten zu revidieren. Ihr Verstand arbeitet ununterbrochen auf Hochtouren.

Lehre

Logiker mögen es, logische Probleme zu lösen und
anderen dabei zu helfen, die Regeln der Weltordnung und des menschlichen Verhaltens zu verstehen. Sie sind imstande, Wissen in ein logisches
Ganzes zu systematisieren und ihm eine kohärente
Struktur zu verleihen. *Logiker* sind stets an neuem
Wissen interessiert und mögen Experimente. Von
Natur aus sind sie Logiker (daher auch die Be-
zeichnung für diesen Persönlichkeitstyp) und The-
oretiker, weswegen sie sich eher für theoretische
Konzepte als für deren Anwendung in der Praxis
interessieren.

Logiker vertragen gut jegliche Veränderungen
und sind für gewöhnlich tolerant und flexibel. Eine
Ausnahme hierbei ist, wenn jemand versucht, ihre
Ansichten anzuzweifeln oder entgegen ihrem Wertesystem handelt. In solchen Situationen sind *Logiker* nicht nur imstande, sich zu widersetzen, aber
sogar für ihre Meinung zu kämpfen. Ferner sind
sie distanziert gegenüber Unterfangen, die nicht
rational begründet sind.

Hindernisse

Für gewöhnlich wirken Routine und alltägliche
Angelegenheiten auf *Logiker* ermüdend. Sie mögen
es nicht, Kleidung oder Kosmetika einzukaufen,
Rechnungen zu begleichen, das Haus einzurichten
oder aufzuräumen. Sie sehen in diesen Tätigkeiten

nämlich „Diebe wertvoller Zeit", weswegen sie sie
– mehr oder minder bewusst – vernachlässigen.
Auch logische Widersprüche, nachlässige und un-
präzise Aussagen oder weitschweifige Reden ohne
viel Inhalt können *Logiker* reizbar machen.

Es fällt ihnen schwer, Menschen zu verstehen,
die ihre Begeisterung bei der Suche nach der
Wahrheit nicht teilen können. Ferner stört sie intellektuelle Faulheit und Inkompetenz. *Logiker*
staunen über Menschen, die kein Bedürfnis haben,
sich zu entwickeln (bspw. Dilettanten, die es trotz
langjähriger Erfahrung auf einem Gebiet auch blei-
ben). *Logiker* sind nicht von wissenschaftlichen Ti-
teln, Positionen oder der Beliebtheit bei anderen
Menschen beeindruckt. Dahingegen schätzen sie
Kompetenzen, Wissen, Erfahrung und Intelligenz.
Sie mögen die Gesellschaft ehrlicher, offener und
authentischer Menschen, die – ungeachtet des Ge-
biets – Ahnung von dem haben, womit sie sich beschäftigen.

In den Augen anderer Menschen

Andere Menschen sehen in *Logikern* geradlinige
und ehrliche Menschen, wobei es aber schwer ist,
sich ihnen anzunähern. Beim ersten Kontakt können *Logiker* schüchtern und entfremdet wirken,
wenngleich sie unter Freunden sich sicher fühlen,
vor allem dann, wenn sie ihre Ansichten oder Theorien darlegen. Es kommt vor, dass sie den Ruf
von unzuverlässigen, vergesslichen und nicht ge-
rade gut organisierten Menschen haben. Dies ist
vor allem dadurch bedingt, dass sie sich für neue
Ideen schnell begeistern und dabei frühere Abma-
chungen und Versprechen vergessen. Allgemein

fällt es Menschen schwer, die Gedankengänge von *Logikern* zu verstehen. Einige denken, sie seien neunmalklug und übertrieben kritisch. Andere wiederum stören sich daran, dass *Logiker* Haarspalterei betreiben und andere ständig verbessern müssen.

Wahrnehmung und Problemlösung

Logiker sind Menschen mit einem scharfsinnigen Verstand, die es hervorragend verstehen, sich in der Welt abstrakter Theorien zurechtzufinden. Sie mögen neue Herausforderungen und lernen gerne neue Dinge. Sie sind überaus schlagfertig und haben ab und zu Geistesblitze. Sie begeistern sich für neue Ideen, Die Möglichkeit zu experimentieren ist für sie wichtiger als Stabilität und Sicherheit. *Logiker* mögen Innovationen und eine unkonventionelle Herangehensweise an Probleme. Ferner verfügen *Logiker* über die außergewöhnliche Gabe, hypothetische Möglichkeiten zu erkennen und neue Theorien aufzustellen (sowie alte zu widerlegen). Sie denken auf eine untypische, unkonventionelle Art und Weise, weswegen sie oftmals zu Lösungen kommen, die für andere unerreichbar sind. *Logiker* charakterisieren sich darüber hinaus durch globales Denken und ein Interesse an komplexen, weit reichenden Lösungsansätzen. Vereinzelte Phänomene sehen sie als Teil eines Ganzen an und erkennen die Verbindungen zwischen ihnen.

Logiker fühlen sich vor allem von logischen Argumenten und Entscheidungen angesprochen, die auf objektiven und rationalen Grundlagen basieren. Dahingegen sind sie nicht von Handlungen überzeugt, die auf subjektiven Empfindungen oder Emotionen fußen. Sie vermögen es, Probleme präzise zu definieren und sich auf die wichtigsten Aspekte zu konzentrieren. Ferner sind *Logiker* imstande, Ungenauigkeiten und Inkohärenzen zu erkennen. Logisches Verhalten und das Streben nach der objektiven Wahrheit sind für sie wichtiger als das Wohlbefinden anderer Menschen, weswegen sie der Meinung sind, dass man sich nicht auf Emotionen, Gefühle oder Sympathien stützen sollte. Sie sind äußerst ausdauernd in ihren suchenden Bestrebungen sowie ungewöhnlich objektiv. *Logiker* suchen nach der Lösung eines Problems und zwar ungeachtet dessen, ob es für sie vorteilhaft oder nicht ist. Sie hören auch dann nicht auf mit der Suche, wenn sie sehen, dass die potenzielle Entdeckung sie sehr viel kosten könnte (bspw. eine komplette Veränderung ihres Weltbilds).

Kommunikation

Logiker äußern sich sehr korrekt, schlüssig und präzise (in der Präzision ihrer Beschreibung der Realität und der Definition von Problemen sind sie allen anderen Persönlichkeitstypen überlegen). Sie sind aber von Natur aus eher schweigsam und sprechen vor allem dann, wenn sie etwas mitteilen möchten.

In anderen Situationen kommunizieren sie eher selten. *Logiker* können sogar über längere Zeit überhaupt nichts sagen und gehören nicht zu all jenen Menschen, die sich gerne unterhalten, um die Zeit totzuschlagen oder die nette Atmosphäre aufrechtzuerhalten.

Logiker legen keinen größeren Wert auf Umgangsformen, Höflichkeit oder Anstandsgesten. Sie quälen sich bei Empfängen zu besonderen Anlässen oder privaten Treffen. Es kommt vor, dass sie sich Schnitzer leisten oder sich taktlos verhalten (was von anderen manchmal fälschlicherweise als Widerwille gegen Menschen verstanden wird). Es fällt *Logikern* schwer, Äußerungen zuzuhören, die ihres Erachtens nach sinnlos sind oder falsche Informationen beinhalten. In solchen Fällen neigen sie dazu, andere Menschen zu verbessern, was manchmal zu Spannungen führt und bewirkt, dass sie als „Besserwisser" angesehen werden.

In Diskussionen sind *Logiker* unschlagbar, da es schwer ist, ihrer logischen und kohärenten Argumentation gerecht zu werden. Am liebsten sprechen *Logiker* über sie beschäftigende theoretische Probleme, wenngleich sie nicht immer Gesprächspartner finden, die diese Leidenschaft teilen.

Manchmal schotten sich *Logiker* ab und meiden den Kontakt zu anderen Menschen. Dies ist aber keineswegs eine Art, Distanz und Überlegenheit gegenüber anderen zu demonstrieren, wie manche Menschen denken, sondern viel mehr ihr natürliches Bedürfnis. Nur in der Stille und Einsamkeit vermögen es *Logiker* nämlich, ihre Gedanken zu sammeln und sich zu regenerieren.

In Stresssituationen

Logiker werden oft zu echten Experten in den Bereichen, mit denen sie sich befassen. Sie sind in der Regel sehr selbstbewusst und wissen um ihre Kompetenzen, wobei sie sich auch ihre Beschränkungen, Unvollkommenheiten und Mängel vor

Augen führen. Manchmal fühlen sie sich sogar erdrückt von der Übermenge ihres eigenen Unwissens. Ein anderes Mal haben sie Angst zu versagen oder einen Fehler zu begehen.

In Stresssituationen verlieren *Logiker* ihr Selbstwertgefühl, beginnen nicht adäquat zu den Umständen zu reagieren oder werden außergewöhnlich misstrauisch und argwöhnisch. Ihre Freizeit verbringen sie gerne zu Hause. Sie lesen viel, mögen aber auch Logikspiele. Ihr Verstand arbeitet ununterbrochen sehr intensiv, weswegen *Logiker* auch in ihrer Freizeit über sie interessierende Probleme nachdenken und ihre Suche fortsetzen.

Sozialer Aspekt der Persönlichkeit

Logiker verfügen über ein sehr reiches Inneres, wobei sie aber zeitgleich den Anschein erwecken, abwesend zu sein. Die Vergrößerung ihres Bekanntenkreises und die Entwicklung von Beziehungen zu anderen Menschen gehören nicht zu ihren Prioritäten. Anderen Menschen fällt es auch schwer, sich ihnen zu nähern und ihre Welt zu betreten.

Logiker mögen es nicht, auf sich aufmerksam zu machen. Wenn sie sich im Zentrum der Aufmerksamkeit befinden, fühlen sich *Logiker* unwohl. Neue Bekanntschaften knüpfen sie langsam und vorsichtig. Sie vertrauen anderen nur ungern ein Geheimnis an und bitten auch selten um Hilfe, da sie Angst haben, abhängig zu werden und ihre Autonomie zu verlieren. Dahingegen vertragen *Logiker* sehr gut Kritik und vermögen es selbst, sich kritisch gegenüber anderen Menschen zu äußern.

Wenn sie können, versuchen sie jedoch Konflikte zu vermeiden (aber nicht um jeden Preis).

Für gewöhnlich haben *Logiker* Schwierigkeiten mit der Deutung von Emotionen und Gefühlen anderer Menschen, aber auch mit der Äußerung ihrer eigenen Empfindungen. Es fällt ihnen weitaus einfacher, ihre Hingabe und Fürsorge auf Papier statt im direkten Gespräch zu äußern. All dies, in Verbindung mit ihrer angeborenen Skepsis, ihrem Kritizismus, ihrem Misstrauen und ihrer Angewohnheit, andere zu verbessern, erschwert ihnen den Aufbau von Beziehungen zu anderen Menschen. *Logiker* verlieren sich in Situationen, in denen von ihnen die Äußerung von Gefühlen oder öffentliche Liebesbeweise verlangt werden. Sie verlieren auch bei Spannungen und Konflikten den Boden unter den Füßen, da sie die Wichtigkeit menschlicher Emotionen und verletzter Gefühle nicht zu verstehen vermögen. Sie versuchen dann an Logik anzuknüpfen, die Situation zu analysieren und rationale Gründe ausfindig zu machen.

Unter Freunden

Logiker fühlen sich gut unter Menschen, mit denen sie ihre Interessen teilen können oder die Experten auf einem bestimmten Gebiet sind. Sie mögen es auch die Zeit mit Menschen zu verbringen, für die sie eine Autorität darstellen und mit denen sie ihre Gedanken austauschen können. *Logiker* gehen davon aus, dass Beziehungen zu anderen Menschen zu etwas dienen sollten, bspw. der Erlangung von Wissen oder der Suche nach der Wahrheit über die Welt. Dagegen fühlen sie sich in der Welt der Emotionen und Gefühle unwohl, weswegen sie auch versuchen, in zwischenmenschlichen Beziehungen sich nach der Logik zu orientieren. Solch eine Haltung bewirkt eine Einschränkung ihres Horizontes und die Tatsache, dass sie unwissentlich mit ihrem Verhalten andere Menschen verletzen können (bspw. wenn sie nicht merken, dass jemandem Dank gebührt oder seine Bemühungen anerkannt werden sollten bzw. sie es nicht verstehen, dass jemand enttäuscht oder abgeneigt ist).

Für gewöhnlich haben *Logiker* nur wenige Freunde und engere Bekannte. Die Beziehungen zu ihnen sind aber sehr beständig und tiefsinnig. Am häufigsten freunden sie sich mit *Strategen*, *Reformern*, *Praktikern* und anderen *Logikern* an, die ihre Leidenschaften teilen. Am seltensten hingegen mit *Anwälten*, *Betreuern* und *Moderatoren*.

In der Ehe

Obwohl *Logiker* sich nicht auf neue Bekanntschaften fokussieren und ihnen weder Beliebtheit noch Sympathie seitens anderer Menschen wichtig ist, ist ein einsames Leben für sie dennoch kein Ideal. Als Lebenspartner sind sie überaus loyal, ergeben und stetig in ihren Gefühlen. Ihre Verpflichtungen nehmen sie sehr ernst, selber dagegen sind *Logiker* eher Minimalisten, die in der Regel wenige Bedürfnisse haben. Sie haben Probleme mit alltäglichen häuslichen Verpflichtungen und tendieren dazu, abgesprochene Treffen, Termine und Jahrestage zu vergessen.

Von Natur aus sind *Logiker* sehr tolerant und gewährleisten ihren Partnern viele Freiheiten. Sie selbst erwarten das gleiche. Durch ihren Einfallsreichtum, ihre Phantasie und ihr reiches Innenleben bringen sie viel Leidenschaft und Begeisterung mit in die Beziehung ein. Manchmal fällt es ihnen aber schwer, ihre Ideen mit der Realität in Einklang zu bringen. Das größte Problem für *Logiker* in einer Beziehung ist ihr Unvermögen, die Gefühle und Bedürfnisse ihrer Lebenspartner zu erkennen (oftmals wird dies fälschlicherweise als fehlendes Interesse gedeutet). *Logiker* vermögen es, authentisch zu lieben und zeitgleich sich nicht bewusst zu sein, was ihre Partner empfinden oder durchleben. In schwierigen oder kritischen Situationen suchen sie rationale Gründe von Problemen oder versuchen sie auf eine logische Art und Weise zu lösen, wobei sie nicht merken, dass ihre Partner einfach nur Fürsorge, Wärme und Liebe brauchen. Sie selbst haben solche Bedürfnisse nicht und sind erstaunt, wenn jemand dies von ihnen verlangt. Diese Haltung kann zu Problemen in der Beziehung führen.

Logiker werfen ab und an ihren Partnern vor, dass sie übertreiben oder überhöhte Anforderungen haben. Wenn sie unter Druck stehen, können sie sich aus der Beziehung zurückziehen und feststellen, dass sie der Lage nicht Herr werden können, dass ihr Lebenspartner zu hohe Ansprüche hat oder sie nicht akzeptiert. Solche Erfahrungen bewirken manchmal, dass sie die Einsamkeit vorziehen.

Natürliche Kandidaten als Lebenspartner sind für *Logiker* Personen mit verwandten Persönlichkeitstypen: *Strategen*, *Reformer* oder *Direktoren*. In solchen Beziehungen ist es für sie einfacher, gegenseitiges Verständnis und harmonische Beziehungen aufzubauen. Die Erfahrung zeigt aber, dass *Logiker* auch imstande sind, gelungene, glückliche Beziehungen mit Personen einzugehen, deren Typ offensichtlich völlig verschieden ist. Umso interessanter sind diese Beziehungen, da die Unterschiede zwischen den Partnern der Beziehung Dynamik verleihen und Einfluss auf die persönliche Entwicklung nehmen können (viele Personen bevorzugen diese Perspektive, die sich für sie interessanter gestaltet als eine harmonische Beziehung, in der ständig Einklang und gegenseitiges Verständnis herrscht).

Als Eltern

Logiker sind als Eltern sehr loyal gegenüber ihren Kindern. Sie möchten ihren Nachwuchs zu unabhängigen Menschen erziehen, die sich nach logischen Grundsätzen richten und rationale, autonome Urteile fällen. Sie schätzen ihren Individualismus, hören auf ihre Meinung und erlauben ihnen, bei der Entscheidungsfindung im Familienleben teilzuhaben. Für gewöhnlich schränken sie ihre Kinder nicht ein und gewährleisten ihnen viele Freiheiten und Raum zur Entwicklung.

Ihre Flexibilität, Offenheit und Toleranz kann aber auch zu Nebenwirkungen führen – ihre Kinder können manchmal ein Problem damit haben, gute Verhaltensmuster von den schlechten zu unterscheiden. *Logiker* haben auch oftmals Probleme damit, die emotionalen Bedürfnisse ihrer Kinder zu stillen. Es kommt vor, dass ihr Nachwuchs zu radikalen und unerwünschten Mitteln greift, um auf sich aufmerksam zu machen. Nach Jahren schätzen Kinder ihre *Logiker* dafür, dass sie Freiheiten genossen haben, unabhängig waren und ihren Entscheidungen Respekt gezollt wurde.

Arbeit und Karriere

Eine Leidenschaft von *Logikern* sind innovative Pionierprojekte. Sie mögen es, Bereiche zu entdecken, die bislang unentdeckt blieben. Auch die Loyalität gegenüber ihrer Firma, in der sie arbeiten, sowie hohe Arbeitsqualität sind ihre Kennzeichen. Sie vermögen es blitzschnell die Kompetenzen anderer zu beurteilen und sind sowohl gegenüber sich selbst als auch anderen Menschen sehr anspruchsvoll. *Logiker* können Vergeudung, Nachlässigkeit und Faulheit nicht leiden.

Vorgesetzte

An ihren Vorgesetzten schätzen *Logiker* Wissen, Intelligenz sowie einen offenen Verstand. Sie erwarten von ihnen einzig und allein, dass sie ihren Mitarbeitern freien Handlungsspielraum gewährleisten und sie dabei nicht stören.

Sie selbst mögen es nicht, andere Menschen zu leiten, sie zu kontrollieren, zu disziplinieren oder ihnen Aufträge zu erteilen. Trotzdem üben *Logiker* auf andere enormen Einfluss aus und sind für sie eine Art Inspiration, da sie eine unerschöpfliche Quelle neuer Ideen sind und keine Angst haben, ein Risiko aufzunehmen.

Leidenschaften und Herausforderungen

Logiker mögen keine Routine und vermögen es nicht, einen Posten zu bekleiden, bei dem ständige Bereitschaft sowie die Einhaltung steifer Regeln und bürokratischer Prozeduren verlangt wird. Sie behandeln ihre Pflichten zwar sehr ernst, wenngleich es aber ab und an passiert, dass sie formelle oder bürokratische Angelegenheiten vernachlässigen (bspw. Berichterstattungen). *Logiker* bevorzugen es, komplexe Probleme theoretischer Natur zu lösen, die nach logischen Überlegungen verlangen.

Die Vorbereitung von Projekten erfüllt sie weitaus mehr mit Leidenschaft als deren Umsetzung. Organisatorische oder praktische Aspekte überlassen sie viel lieber anderen Menschen.

Im Team

Logiker arbeiten am liebsten selbstständig. Sie mögen es nicht, kontrolliert oder beaufsichtigt zu werden. Sie brauchen Autonomie und Eigenständigkeit. Manchmal sind sie geradezu besessen von ihrer Privatsphäre. Sie schätzen Stille und Ruhe, weswegen sie am glücklichsten sind, wenn sie zu Hause arbeiten können. Sie verstehen es aber auch, die Arbeit einer Gruppe von Menschen zu organisieren, sofern dies bei der Lösung eines wichtigen Problems vonnöten ist.

Logiker finden sich relativ gut in Teams zurecht, die keine formelle oder hierarchische Struktur haben und eine lockere Verbindung von Experten und Enthusiasten darstellen, die sich einer Sache hingeben. *Logiker* mögen ein tolerantes Umfeld, welches viel Handlungsfreiheit und Raum für die

Realisierung von konstruktiven, innovativen Konzepten bietet.

Berufe

Das Wissen über das eigene Persönlichkeitsprofil sowie die natürlichen Präferenzen stellen eine unschätzbare Hilfe bei der Wahl des optimalen Berufsweges dar. Die Erfahrung zeigt, dass *Logiker* mit Erfolg in verschiedenen Bereichen arbeiten und aufgehen können. Doch dieser Persönlichkeitstyp prädisponiert sie auf natürliche Art und Weise zu folgenden Berufen:

- Analytiker,
- Archäologe,
- Architekt,
- Chemiker,
- Detektiv,
- Dozent,
- Experte für Forschung und Entwicklung,
- Experte für IT-Systeme,
- Experte für Risikobewertung,
- Experte für Strategie,
- Filmproduzent,
- Finanzberater,
- Fotograf,
- Gutachter,
- Historiker,
- Informatiker,
- Ingenieur,
- Investor,
- Jurist,

- Künstlerischer Leiter,
- Mathematiker,
- Musiker,
- Ökonom,
- Philosoph,
- Planer,
- Programmierer,
- Schriftsteller,
- Sprachwissenschaftler,
- Übersetzer,
- Wissenschaftler.

Potenzielle starke und schwache Seiten

Ähnlich wie auch andere Persönlichkeitstypen haben *Logiker* potenzielle starke und schwache Seiten. Dieses Potenzial kann auf verschiedenste Weise ausgeschöpft werden. Glück im Privatleben sowie Erfolg im Beruf hängen bei *Logikern* davon ab, ob sie die Chancen, die mit ihrem Persönlichkeitstyp verknüpft sind, nutzen und ob sie den Gefahren auf ihrem Weg die Stirn bieten können. Im Folgenden eine ZUSAMMENFASSUNG dieser Chancen und Gefahren:

Potenzielle starke Seiten

Logiker sind überaus intelligent, kreativ und ideenreich. Sie vermögen es einzelne Fakten und Erfahrungen zu verbinden und aus ihnen komplexe und kohärente Systeme zu erschaffen. Sie sind unkonventionell, originell und begegnen neuen Ideen mit Begeisterung. *Logiker* verfügen über die Fähigkeit, sich zu konzentrieren und nicht ablenken zu lassen – es ist nicht einfach, sie von einer wichtigen Aufgabe wegzubekommen. Sie vermögen es, ihre ganze Energie auf die Lösung eines Problems zu fokussieren. *Logiker* kennzeichnet eine sehr große intellektuelle Unabhängigkeit. Die Meinung anderer Menschen bedeutet ihnen recht wenig. Wenn *Logiker* eine Ansicht als inkohärent, unlogisch und irrational ansehen, dann verwerfen sie sie ungeachtet dessen, ob Autoritäten dahinter stehen oder sie von der Mehrheit der Menschen anerkannt wird.

Logiker verstehen es, aus ihren Erfahrungen hervorragenden Nutzen zu ziehen – nicht nur aus Erfolgen, aber auch aus Niederlagen. Sie sind ausdauernd und setzen die Messlatte für sich gewöhnlich sehr hoch an, weswegen sie zu echten Experten auf ihrem Gebiet werden. Sie verstehen es mit Leichtigkeit, sich in der Welt abstrakter und komplexer Konzepte zu bewegen und haben die Fähigkeit, sich komplexe Theorien anzueignen, sowie die Gabe, logisch und rational zu denken. *Logiker* erkennen sehr schnell jegliche unklaren Zusammenhänge, Inkonsequenzen und logischen Widersprüche. Sie sind überaus präzise und logisch, dabei aber auch tolerant, flexibel und offen. *Logiker* gewährleisten anderen Menschen Freiheiten und Unabhängigkeit. Sie haben ein natürliches Talent für Mathematik und vermögen es, sich präzise und schlüssig auszudrücken. Darüber hinaus sind sie imstande, schnelle Entscheidungen zu treffen und Kritik von anderen Menschen aufzunehmen.

Potenzielle schwache Seiten

Logiker handeln überaus logisch, wenngleich ihre Logik subjektiv und selektiv sein kann. Sie tendieren nämlich dazu, sich auf Informationen zu konzentrieren, die in Verbindung mit dem Gegenstand stehen, für den sie sich interessieren, oder die eine Bestätigung ihrer Meinung und ihrer Erfahrungen darstellen. Zugleich können sie Behauptungen und Argumente ablehnen, die nicht mit ihrer eigenen Erfahrung einhergehen oder nicht auf Logik basieren. *Logiker* sind sogar imstande, Menschen zu ignorieren, die anders leben und eine andere Weltanschauung haben. Oftmals beschäftigen sich *Logiker* nur mit den Angelegenheiten, mit denen sie sich wohlfühlen und die sie interessieren, was zu einer Einschränkung ihrer Erfahrungen und Kontakte mit Menschen, sogar zu Selbstisolation führen kann. *Logiker* haben Probleme damit, ihre Gefühle zu äußern und vermögen es nicht, die emotionalen Bedürfnisse anderer Menschen zu erkennen. Sie können andere verletzen, ohne sich dessen überhaupt bewusst zu sein.

Ab und zu halten *Logiker* ihr Wort nicht, sind unpünktlich, vergesslich oder zerstreut. Sie haben auch Probleme mit Routine und alltäglichen Pflichten sowie der Realisierung von theoretischen Ideen. In Stresssituationen können sie unverhältnismäßig zu den Umständen reagieren und verlieren ihr Selbstwertgefühl. Wenn sie keine Möglichkeit haben, ihre Leidenschaften zu entwickeln, können *Logiker* eine negative, kritische Haltung gegenüber ihrem Umfeld entwickeln, was sich in der Infragestellung ehrlicher Intentionen anderer

Menschen, dem krankhaften Verbessern von anderen sowie der Kritik an allem, was nicht zu ihrem Standpunkt passt, äußert.

Persönliche Entwicklung

Die persönliche Entwicklung von *Logikern* hängt davon ab, in welchem Grad sie ihr natürliches Potenzial nutzen und ob sie die Gefahren, die in Verbindung mit ihrem Typ stehen, zu bewältigen vermögen. Die folgenden praktischen Tipps stellen eine Art Dekalog des *Logikers* dar.

Interessieren Sie sich für andere Menschen

Versuchen Sie sich in ihre Lage zu versetzen. Denken Sie darüber nach, was sie erleben, was ihre Leidenschaft ist, was sie beunruhigt, was ihnen Angst macht. Fragen Sie nach ihrem Wohlbefinden, ihren Bedürfnissen, ihrer Meinung. Zeigen Sie anderen Menschen Herzlichkeit und gehen Sie mit Lob großzügiger um. Sie werden den Unterschied merken und werden überrascht sein!

Lernen Sie, die Zeit zu planen und Prioritäten zu setzen

Begeisterung ist Ihr Hauptantrieb, aber zeitliche Rahmen, ein Arbeitsplan sowie eine Liste von Prioritäten müssen nicht zwangsweise Ihre Kreativität einschränken, Ihre Handlungen lähmen oder Sie bei der Realisierung Ihrer Aufgaben stören.

Ganz im Gegenteil! Entsprechend angewandt helfen diese Maßnahmen Ihnen, Ihre Ziele zu erreichen.

Erlauben Sie anderen Menschen zu irren

Gehen Sie sparsamer mit Kritik um und versuchen Sie nicht die ganze Zeit, andere zu verbessern. Das ständige Vervollständigen und Verbessern der Aussagen anderer macht einen fatalen Eindruck. Wenn eine Angelegenheit belanglos ist, lassen Sie Menschen Fehler begehen und die Fakten verdrehen. Niemand wird darunter leiden und sie sparen sehr viel an Energie.

Sprechen Sie mehr

Teilen Sie anderen Menschen mit, worüber Sie nachdenken und welche Ideen Sie haben. Bringen Sie Ihre Emotionen zum Ausdruck und sagen Sie, wie Sie sich fühlen und was Sie erleben. Sie werden so Ihren Kollegen und Ihrer Familie helfen. Egal was Sie sagen sollten, es wird weitaus besser als Schweigen sein.

Erweitern Sie Ihren Horizont

Versuchen Sie Dinge, die über Ihre aktuellen Interessen hinausreichen. Besuchen Sie Orte, an denen Sie noch nie waren, sprechen Sie mit Menschen, die Sie vorher nicht kannten, wagen Sie sich an Aufgaben aus Bereichen, mit denen Sie sich bislang noch nicht beschäftigt haben. Dies wird Ihnen viele wertvolle Ideen einbringen und bewirken, dass Sie die Welt aus einer breiteren Perspektive betrachten werden.

Lehnen Sie die Ideen und Meinungen anderer Menschen nicht ab

Wenn Meinungen im Widerspruch zu Ihren Ansichten stehen, gehen Sie nicht automatisch davon aus, dass sie falsch sind. Bevor Sie sie als wertlos einstufen, denken Sie gründlich über sie nach und versuchen Sie, sie zu verstehen. Die Fähigkeit zuzuhören kann Ihre Beziehungen zu anderen Menschen revolutionieren.

Denken Sie an Termine und Jahrestage

Eine Verabredung, ein Geburtstag eines Freundes oder ein familiärer Jahrestag können für Sie etwas Unbedeutendes sein, vor allem angesichts der Angelegenheiten, mit denen Sie sich befassen. Für andere haben diese Tage aber oft einen enormen Wert. Wenn Sie es nicht schaffen, sich solche Tage einzuprägen, schreiben Sie sie auf!

Isolieren Sie sich nicht

Sie werden wahrscheinlich nie Tratsch, Small-Talk oder belanglose Gespräche mögen. Sie sollten aber Ihre Kontakte zu Freunden pflegen und sich mit Menschen treffen, die über Themen, die Sie auch interessieren, sprechen möchten. Sie können auch Kontakte im Internet knüpfen (z.B. in Diskussionsgruppen, sozialen Netzwerken oder Foren).

Seien Sie praktischer

Denken Sie über die praktischen Aspekte Ihrer Theorien und Ideen nach. Um ihr Potenzial voll auszuschöpfen, versuchen Sie andere Menschen von ihnen zu überzeugen und denken Sie über

Wege nach, sie in die Tat umzusetzen. Lassen Sie nicht zu, dass die Früchte Ihrer Arbeit nur auf dem Papier sichtbar sind.

Konzentrieren Sie sich auf positive Dinge

Konzentrieren Sie sich nicht auf Mängel, Fehler oder logische Widersprüche. Hinterfragen Sie nicht die guten Intentionen anderer Menschen. Lernen Sie, positive Dinge zu sehen und konzentrieren Sie sich auf die hellen Seiten des Lebens.

Bekannte Personen

Eine Liste bekannter Personen, die dem Profil des *Logikers* entsprechen:

- **Blaise Pascal** (1623-1662) – französischer Mathematiker, Physiker, Philosoph und Apologet;
- **Adam Smith** (1723-1790) – schottischer Denker und Ökonom (u. a. *Der Wohlstand der Nationen*);
- **James Madison** (1751-1836) – 4. Präsident der Vereinigten Staaten, Unterzeichner der Verfassung der Vereinigten Staaten;
- **Charles Darwin** (1809-1882) – britischer Biologe, Erschaffer der Evolutionstheorie;
- **William James** (1842-1910) – US-amerikanischer Philosoph, Psychologe, Vorreiter der Humanistischen Psychologie und Phänomenologie;

- **Carl Gustav Jung** (1875-1961) – Schweizer Psychiater und Psychologe, Erschaffer der analytischen Psychologie;
- **Albert Einstein** (1879-1955) – deutscher Naturwissenschaftler jüdischer Abstammung, einer der größten Physiker und Logiker aller Zeiten, Erschaffer der Relativitätstheorie, Miterschaffer des Welle-Teilchen-Dualismus (Nobelpreis für die Beschreibung des photoelektrischen Effekts);
- **Dwight David Eisenhower** (1890-1969) – US-amerikanischer General und 34. Präsident der Vereinigten Staaten;
- **Gregory Peck** (1916-2003) – US-amerikanischer Filmschauspieler (u. a. *Die Kanonen von Navarone*);
- **George Soros** (geb. 1930) – US-amerikanischer Investor ungarisch-jüdischer Herkunft, Börsenspekulant und Philanthrop;
- **Bob Geldof**, eigtl. Robert Frederick Zenon Geldof (geb. 1951) – irischer Sänger, Textautor und sozialer Aktivist;
- **J. K. Rowling**, eigtl. Joanne Rowling (geb. 1965) – britische Schriftstellerin, Autorin der Serie *Harry Potter*;
- **Eldrick „Tiger" Woods** (geb. 1975) – US-amerikanischer Golfspieler, gilt als einer der herausragendsten Vertreter seiner Sportart in der Geschichte.

Die 16 Persönlichkeits-
typen im Überblick

Der Animateur (ESTP)

Lebensmotto: *Lasst uns etwas unternehmen!*

Energisch, aktiv und unternehmerisch. Sie mögen
die Gesellschaft anderer Menschen und sind imstande, den Augenblick zu genießen. Spontan, flexibel und offen für Veränderungen.

Enthusiastische Anreger und Initiatoren, die
andere zum Handeln motivieren. Logisch, rational
und überaus pragmatisch. *Animateure* sind Realisten, die abstrakte Ideen und die Zukunft betref-
fende Erwägungen ermüdend finden. Sie konzentrieren sich viel mehr auf konkrete Lösungen von
aktuellen Problemen. Sie haben manchmal
Schwierigkeiten bei der Organisation und Planung,

denn sie neigen zu impulsiven Handlungen, weswegen es passieren kann, dass sie erst handeln und dann nachdenken.

Natürliche Veranlagungen des *Animateurs*

- Die Quelle seiner Lebensenergie: seine äußere Welt.
- Informationsaufnahme: Sinne.
- Art und Weise wie Entscheidungen getroffen werden: Verstand.
- Lebensstil: spontan.

Ähnliche Persönlichkeitstypen

- *Verwalter*
- *Praktiker*
- *Inspektor*

Statistische Angaben

- *Animateure* stellen ca. 6-10 % der Gesellschaft dar.
- Unter *Animateuren* überwiegen Männer (60 %).
- Das Land, welches dem Profil des *Animateurs* entspricht, ist Australien.[2]

---

[2] Dies bedeutet nicht, dass alle Einwohner von Australien zu dieser Gruppe gehören, wenngleich die australische Gesellschaft – als Ganzes – viele charakteristische Eigenschaften des *Animateurs* verkörpert.

Buchstaben-Code

Der universelle Code des *Animateurs* ist in den Jungschen Persönlichkeitstypologien ESTP.

Mehr:

Jarosław Jankowski
Ihr Persönlichkeitstyp: Animateur (ESTP)

Der Anwalt (ESFJ)

Lebensmotto: *Wie kann ich dir helfen?*

Enthusiastisch, energisch und gut organisiert. Praktisch, verantwortungsbewusst und gewissenhaft. Darüber hinaus herzlich und überaus gesellig.

Anwälte erkennen menschliche Stimmungen, Emotionen und Bedürfnisse. Sie schätzen Harmonie und vertragen schlecht Kritik oder Konflikte. Sie sind sehr sensibel in Bezug auf Ungerechtigkeiten sowie das Leid anderer Menschen. Sie interessieren sich aufrichtig für die Probleme anderer und sind glücklich, wenn sie ihnen helfen können. Indem sie sich um die Bedürfnisse anderer kümmern, vernachlässigen sie oftmals ihre eigenen. *Anwälte* neigen dazu, anderen auszuhelfen. Sie sind anfällig für Manipulationen.

Natürliche Veranlagungen des *Anwalts*

- Die Quelle seiner Lebensenergie: seine äußere Welt.
- Informationsaufnahme: Sinne.

- Art und Weise wie Entscheidungen getroffen werden: Herz.
- Lebensstil: organisiert.

Ähnliche Persönlichkeitstypen

- *Moderator*
- *Betreuer*
- *Künstler*

Statistische Angaben

- *Anwälte* stellen ca. 10-13 % der Gesellschaft dar.
- Unter *Anwälten* überwiegen Frauen (70 %).
- Das Land, welches dem Profil des *Anwalts* entspricht, ist Kanada.

Buchstaben-Code

Der universelle Code des *Anwalts* ist in den Jungschen Persönlichkeitstypologien ESFJ.

Mehr:

Jarosław Jankowski
Ihr Persönlichkeitstyp: Anwalt (ESFJ)

Der Berater (ENFJ)

Lebensmotto: *Meine Freunde sind meine Welt.*

Optimistisch, enthusiastisch und scharfsinnig. Höflich und taktvoll. Sie verfügen über ein unglaubliches Empathievermögen, wodurch es sie glücklich stimmt, durch selbstloses Handeln anderen Menschen Gutes zu tun. *Berater* vermögen es, Einfluss auf das Leben anderer zu nehmen – sie inspirieren, entdecken in ihnen verstecktes Potenzial und verleihen ihnen Glauben an das eigene Können. *Berater* strahlen Wärme aus, weswegen sie andere Menschen anziehen. Sie helfen ihnen oftmals, persönliche Probleme zu lösen.

Doch *Berater* neigen dazu, gutgläubig zu sein und die Welt durch eine rosarote Brille zu betrachten. Da sie ständig auf andere Menschen fixiert sind, vergessen sie oftmals ihre eigenen Bedürfnisse.

Natürliche Veranlagungen des *Beraters*

- Die Quelle seiner Lebensenergie: seine äußere Welt.
- Informationsaufnahme: Intuition.
- Art und Weise wie Entscheidungen getroffen werden: Herz.
- Lebensstil: organisiert.

Ähnliche Persönlichkeitstypen

- *Enthusiast*
- *Mentor*
- *Idealist*

Statistische Angaben

- *Berater* stellen ca. 3-5 % der Gesellschaft dar.
- Unter *Beratern* überwiegen Frauen (80 %).

- Das Land, welches dem Profil des *Beraters* entspricht, ist Frankreich.

Buchstaben-Code

Der universelle Code des *Beraters* ist in den Jungschen Persönlichkeitstypologien ENFJ.

Mehr:

Jarosław Jankowski
Ihr Persönlichkeitstyp: Berater (ENFJ)

Der Betreuer (ISFJ)

Lebensmotto: *Mir liegt viel an deinem Glück.*

Herzlich, bescheiden, vertrauenswürdig und überaus loyal. An erster Stelle stehen für *Betreuer* andere Menschen. Sie erkennen ihre Bedürfnisse und möchten ihnen helfen. Sie sind praktisch, gut organisiert und verantwortungsbewusst. Ferner zeichnen sie sich durch Geduld, Fleiß und Ausdauer aus. Sie führen ihre Pläne zu Ende.

Betreuer bemerken und prägen sich Details ein. Sie schätzen Ruhe, Stabilität und freundschaftliche Beziehungen zu anderen Menschen. Darüber hinaus vermögen sie es, Brücken zwischen Menschen zu bauen. Sie vertragen nur schlecht Kritik und Konflikte. *Betreuer* verfügen über ein starkes Pflichtbewusstsein und sind stets bereit anderen zu helfen. Manchmal werden sie von anderen ausgenutzt.

Natürliche Veranlagungen des *Betreuers*

- Die Quelle seiner Lebensenergie: sein Inneres.
- Informationsaufnahme: Sinne.
- Art und Weise wie Entscheidungen getroffen werden: Herz.
- Lebensstil: organisiert.

Ähnliche Persönlichkeitstypen

- *Künstler*
- *Anwalt*
- *Moderator*

Statistische Angaben

- *Betreuer* stellen ca. 8-12 % der Gesellschaft dar.
- Unter *Betreuern* überwiegen Frauen (70 %).
- Das Land, welches dem Profil des *Betreuers* entspricht, ist Schweden.

Buchstaben-Code

Der universelle Code des *Betreuers* ist in den Jungschen Persönlichkeitstypologien ISFJ.

Mehr:

Jarosław Jankowski
Ihr Persönlichkeitstyp: Betreuer (ISFJ)

Der Direktor (ENTJ)

Lebensmotto: *Ich sage euch, was zu tun ist!*

Unabhängig, aktiv und entschieden. Rational, logisch und kreativ. *Direktoren* betrachten analysierte Probleme in einem breiteren Kontext und sind imstande, die Konsequenzen von menschlichem Verhalten vorherzusehen. Sie zeichnen sich durch Optimismus und eine gesunde Selbstsicherheit aus. Sie können theoretische Konzepte in konkrete, praktische Pläne umwandeln.

Visionäre, Mentoren und Organisatoren. *Direktoren* verfügen über natürliche Führungsqualitäten. Ihre starke Persönlichkeit, ihr kritisches Urteilsvermögen sowie ihre Direktheit verunsichern andere Menschen häufig und führen zu Problemen bei zwischenmenschlichen Beziehungen.

Natürliche Veranlagungen des *Direktors*

- Die Quelle seiner Lebensenergie: seine äußere Welt.
- Informationsaufnahme: Intuition.
- Art und Weise wie Entscheidungen getroffen werden: Verstand.
- Lebensstil: organisiert.

Ähnliche Persönlichkeitstypen

- *Reformer*
- *Stratege*
- *Logiker*

Statistische Angaben

- *Direktoren* stellen ca. 2-5 % der Gesellschaft dar.
- Unter *Direktoren* überwiegen Männer (70 %).
- Das Land, welches dem Profil des *Direktors* entspricht, sind die Niederlande.

Buchstaben-Code

Der universelle Code des *Direktors* ist in den Jungschen Persönlichkeitstypologien ENTJ.

Mehr:

Jarosław Jankowski
Ihr Persönlichkeitstyp: Direktor (ENTJ)

Der Enthusiast (ENFP)

Lebensmotto: *Wir schaffen das!*

Energisch, enthusiastisch und optimistisch. Sie sind lebensfreudig und sind mit den Gedanken in der Zukunft. Dynamisch, scharfsinnig und kreativ. *Enthusiasten* mögen Menschen und schätzen ehrliche und authentische Beziehungen. Sie sind herzlich und emotional. *Enthusiasten* können aber schlecht mit Kritik umgehen. Sie verfügen über Empathie und erkennen die Bedürfnisse, Emotionen und Motive anderer Menschen. Sie inspirieren und stecken andere mit ihrem Enthusiasmus an.

Enthusiasten mögen es, im Zentrum der Aufmerksamkeit zu sein. Sie sind flexibel und vermögen es, zu improvisieren. Sie neigen zu idealistischen Ideen. *Enthusiasten* lassen sich einfach ablenken und haben Probleme damit, viele Angelegenheiten zu Ende zu bringen.

Natürliche Veranlagungen des *Enthusiasten*

- Die Quelle seiner Lebensenergie: seine äußere Welt.
- Informationsaufnahme: Intuition.
- Art und Weise wie Entscheidungen getroffen werden: Herz.
- Lebensstil: spontan.

Ähnliche Persönlichkeitstypen

- *Berater*
- *Idealist*
- *Mentor*

Statistische Angaben

- *Enthusiasten* stellen ca. 5-8 % der Gesellschaft dar.
- Unter *Enthusiasten* überwiegen Frauen (60 %).
- Das Land, welches dem Profil des *Enthusiasten* entspricht, ist Italien.

Buchstaben-Code

Der universelle Code des *Enthusiasten* ist in den Jungschen Persönlichkeitstypologien ENFP.

Mehr:

Jarosław Jankowski
Ihr Persönlichkeitstyp: Enthusiast (ENFP)

Der Idealist (INFP)

Lebensmotto: *Man kann anders leben.*

Sensibel, loyal und kreativ. Sie möchten im Einklang mit ihren Werten leben. *Idealisten* interessieren sich für die spirituelle Wirklichkeit und gehen den Geheimnissen des Lebens nach. Sie nehmen sich die Probleme der Welt zu Herzen und stehen Bedürfnissen anderer Menschen offen gegenüber. *Idealisten* schätzen Harmonie und Ausgeglichenheit.

Sie sind romantisch und dazu fähig, ihre Liebe zu anderen zu äußern, wobei sie selbst auch Wärme und Zärtlichkeit brauchen. Sie vermögen es, Motive und Gefühle anderer Menschen hervorragend zu erkennen. *Idealisten* bauen gesunde, tiefgründige und dauerhafte Beziehungen auf. In Konfliktsituationen verlieren sie den Boden unter den Füßen. Sie können Kritik und Stress nicht vertragen.

Natürliche Veranlagungen des *Idealisten*

- Die Quelle seiner Lebensenergie: seine innere Welt.
- Informationsaufnahme: Intuition.
- Art und Weise wie Entscheidungen getroffen werden: Herz.
- Lebensstil: spontan.

Ähnliche Persönlichkeitstypen

- *Mentor*
- *Enthusiast*
- *Berater*

Statistische Angaben

- *Idealisten* stellen ca. 1-4 % der Gesellschaft dar.
- Unter *Idealisten* überwiegen Frauen (60 %).
- Das Land, welches dem Profil des *Idealisten* entspricht, ist Thailand.

Buchstaben-Code

Der universelle Code des *Idealisten* ist in den Jungschen Persönlichkeitstypologien INFP.

Mehr:

Jarosław Jankowski
Ihr Persönlichkeitstyp: Idealist (INFP)

Der Inspektor (ISTJ)

Lebensmotto: *Die Pflicht geht vor.*

Menschen, auf die man sich immer verlassen kann. Wohlerzogen, pünktlich, zuverlässig, gewissenhaft, verantwortungsbewusst – die Zuverlässigkeit in Person. Analytisch, methodisch, systematisch und logisch. *Inspektoren* werden als beherrschte, kühle und ernsthafte Menschen angesehen. Sie schätzen Ruhe, Stabilität und Ordnung. *Inspektoren* mögen keine Veränderungen, dafür aber klare und konkrete Regeln.

Sie sind arbeitsam und ausdauernd, weswegen sie Angelegenheiten zu Ende bringen können. Es sind Perfektionisten, die über alles die Kontrolle haben möchten. Sie äußern sparsam Lob und sind nicht imstande, der Wichtigkeit der Gefühle und Emotionen anderer Menschen die gebürtige Beachtung zu schenken.

Natürliche Veranlagungen des *Inspektors*

- Die Quelle seiner Lebensenergie: seine innere Welt.
- Informationsaufnahme: Sinne.
- Art und Weise wie Entscheidungen getroffen werden: Verstand.
- Lebensstil: organisiert.

Ähnliche Persönlichkeitstypen

- *Praktiker*
- *Verwalter*
- *Animateur*

Statistische Angaben

- *Inspektoren* stellen ca. 6-10 % der Gesellschaft dar.
- Unter *Inspektoren* überwiegen Männer (60 %).
- Das Land, welches dem Profil des *Inspektors* entspricht, ist die Schweiz.

Buchstaben-Code

Der universelle Code des *Inspektors* ist in den Jungschen Persönlichkeitstypologien ISTJ.

Mehr:

Jarosław Jankowski
Ihr Persönlichkeitstyp: Inspektor (ISTJ)

Der Künstler (ISFP)

Lebensmotto: *Lasst uns etwas erschaffen!*

Sensibel, kreativ und originell. Sie haben ein Ge-
fühl für Ästhetik und angeborene künstlerische
Fähigkeiten. Unabhängig – *Künstler* agieren nach
ihrem eigenen Wertesystem und ordnen sich kei-
nerlei Druck von außen unter. Sie sind optimistisch und verfügen über eine positive Lebenseinstellung, weswegen sie jeden Augenblick genießen
können.

Sie sind glücklich, wenn sie anderen helfen können. Abstrakte Theorien langweilen sie, denn
Künstler ziehen es vor, die Realität zu erschaffen
und nicht über sie zu sprechen. Es fällt ihnen jedoch weitaus leichter, neue Pläne zu realisieren, als
bereits begonnene abzuschließen. Sie haben
Schwierigkeiten, ihre eigenen Bedürfnisse und
Wünsche zu äußern.

Natürliche Veranlagungen des *Künstlers*

- Die Quelle seiner Lebensenergie: seine in-
  nere Welt.
- Informationsaufnahme: Sinne.
- Art und Weise wie Entscheidungen ge-
  troffen werden: Herz.
- Lebensstil: spontan.

Ähnliche Persönlichkeitstypen

- *Betreuer*
- *Moderator*
- *Anwalt*

Statistische Angaben

- *Künstler* stellen ca. 6-9 % der Gesellschaft dar.
- Unter *Künstlern* überwiegen Frauen (60 %).
- Das Land, welches dem Profil des *Künstlers* entspricht, ist China.

Buchstaben-Code

Der universelle Code des *Künstlers* ist in den Jungschen Persönlichkeitstypologien ISFP.

Mehr:

Jarosław Jankowski
Ihr Persönlichkeitstyp: Künstler (ISFP)

Der Logiker (INTP)

Lebensmotto: *Man muss vor allem die Wahrheit über die Welt kennenlernen.*

Originell, einfallsreich und kreativ. *Logiker* mögen es, theoretische Probleme zu lösen. Sie sind analytisch, scharfsinnig und begegnen neuen Ideen mit Begeisterung. *Logiker* vermögen es, einzelne Phänomene zu verbinden und mithilfe von ihnen allgemeine Regeln und Theorien aufzustellen. Sie agieren logisch, präzise und tiefgründig. Unklare

Zusammenhänge und Inkonsequenzen werden von ihnen schnell erkannt.

Sie sind unabhängig und skeptisch gegenüber bereits vorliegenden Lösungen sowie Autoritäten. Zugleich sind sie tolerant und offen für neue Herausforderungen. Versunken in Gedanken verlieren sie ab und an den Kontakt zur Außenwelt.

Natürliche Veranlagungen des *Logikers*

- Die Quelle seiner Lebensenergie: seine innere Welt.
- Informationsaufnahme: Intuition.
- Art und Weise wie Entscheidungen getroffen werden: Verstand.
- Lebensstil: spontan.

Ähnliche Persönlichkeitstypen

- *Stratege*
- *Reformer*
- *Direktor*

Statistische Angaben

- *Logiker* stellen ca. 2-3 % der Gesellschaft dar.
- Unter *Logikern* überwiegen Männer (80 %).
- Das Land, welches dem Profil des *Logikers* entspricht, ist Indien.

Buchstaben-Code

Der universelle Code des *Logikers* ist in den Jungschen Persönlichkeitstypologien INTP.

Mehr:

Jarosław Jankowski
Ihr Persönlichkeitstyp: Logiker (INTP)

Der Mentor (INFJ)

Lebensmotto: *Die Welt könnte besser sein!*

Kreativ, sensibel, auf die Zukunft fixiert. *Mentoren* sehen Möglichkeiten, die andere Menschen nicht erkennen. Es sind Idealisten und Visionäre, die sich darauf konzentrieren, Menschen zu helfen. Pflichtbewusst und verantwortungsbewusst, zugleich auch höflich, fürsorglich und freundschaftlich. Sie versuchen, die Mechanismen der Weltordnung zu verstehen und betrachten Probleme aus einer breiten Perspektive.

Hervorragende Zuhörer und Beobachter. Sie zeichnen sich aus durch Empathie, Intuition und Vertrauen in Menschen. *Mentoren* sind imstande, Gefühle und Emotionen zu lesen, können wiederum aber nur schlecht Kritik annehmen und sich in Konfliktsituationen zurechtfinden. Andere können sie gelegentlich als enigmatisch empfinden.

Natürliche Veranlagungen des *Mentors*

- Die Quelle seiner Lebensenergie: seine innere Welt.
- Informationsaufnahme: Intuition.
- Art und Weise wie Entscheidungen getroffen werden: Herz.
- Lebensstil: organisiert.

Ähnliche Persönlichkeitstypen

- *Idealist*
- *Berater*
- *Enthusiast*

Statistische Angaben

- *Mentoren* stellen ca. 1 % der Gesellschaft dar und sind damit der seltenste Persönlichkeitstyp.
- Unter *Mentoren* überwiegen Frauen (80 %).
- Das Land, welches dem Profil des *Logikers* entspricht, ist Norwegen.

Buchstaben-Code

Der universelle Code des *Mentors* ist in den Jungschen Persönlichkeitstypologien INFJ.

Mehr:

Jarosław Jankowski
Ihr Persönlichkeitstyp: Mentor (INFJ)

Der Moderator (ESFP)

Lebensmotto: *Heute ist der richtige Zeitpunkt!*

Optimistisch, energisch und offen gegenüber Menschen. *Moderatoren* sind lebenslustig und haben gerne Spaß. Sie sind praktisch, zugleich aber auch flexibel und spontan. Sie mögen Veränderungen und neue Erfahrungen. Einsamkeit, Stagnation und Routine hingegen vertragen sie eher schlecht. *Moderatoren* mögen es, im Zentrum der Aufmerksamkeit zu stehen.

Sie verfügen über ein natürliches Schauspieltalent und über die Gabe, interessant und packend zu berichten. Indem sie sich auf das Hier und Jetzt konzentrieren verlieren sie manchmal langfristige Ziele aus den Augen. Sie neigen dazu, Konsequenzen ihres Handelns nicht richtig einschätzen zu können.

Natürliche Veranlagungen des *Moderators*

- Die Quelle seiner Lebensenergie: seine äußere Welt.
- Informationsaufnahme: Sinne.
- Art und Weise wie Entscheidungen getroffen werden: Herz.
- Lebensstil: spontan.

Ähnliche Persönlichkeitstypen

- *Anwalt*
- *Künstler*
- *Betreuer*

Statistische Angaben

- *Moderatoren* stellen ca. 8-13 % der Gesellschaft dar.
- Unter *Moderatoren* überwiegen Frauen (60 %).
- Das Land, welches dem Profil des *Moderators* entspricht, ist Brasilien.

Buchstaben-Code

Der universelle Code des *Moderators* ist in den Jungschen Persönlichkeitstypologien ESFP.

Mehr:

Jarosław Jankowski
Ihr Persönlichkeitstyp: Moderator (ESFP)

Der Praktiker (ISTP)

Lebensmotto: *Taten sind wichtiger als Worte.*

Optimistisch, spontan und mit einer positiven Lebenseinstellung. Beherrschte und unabhängige Menschen, die ihren eigenen Überzeugungen treu sind und äußeren Normen und Regeln skeptisch gegenüberstehen. *Praktiker* sind nicht an Theorien oder Überlegungen bzgl. der Zukunft interessiert. Sie ziehen es vor, konkrete und handfeste Probleme zu lösen.

Sie passen sich gut an neue Orte und Situationen an und mögen Herausforderungen und das Risiko. Ferner vermögen sie es, bei Gefahr einen kühlen Kopf zu behalten. Ihre Wortkargheit und extreme Zurückhaltung bei der Äußerung von Meinungen bewirken, dass sie für andere Menschen manchmal unverständlich erscheinen.

Natürliche Veranlagungen des *Praktikers*

- Die Quelle seiner Lebensenergie: seine innere Welt.
- Informationsaufnahme: Sinne.

- Art und Weise wie Entscheidungen getroffen werden: Verstand.
- Lebensstil: spontan.

Ähnliche Persönlichkeitstypen

- *Inspektor*
- *Animateur*
- *Verwalter*

Statistische Angaben

- *Praktiker* stellen ca. 6-9 % der Gesellschaft dar.
- Unter *Praktiker* überwiegen Männer (60 %).
- Das Land, welches dem Profil des *Praktikers* entspricht, ist Singapur.

Buchstaben-Code

Der universelle Code des *Praktikers* ist in den Jungschen Persönlichkeitstypologien ISTP.

Mehr:

Jarosław Jankowski
Ihr Persönlichkeitstyp: Praktiker (ISTP)

Der Reformer (ENTP)

Lebensmotto: *Und wenn man versuchen würde, es anders zu machen?*

Ideenreich, originell und unabhängig. *Reformer* sind Optimisten. Sie sind energisch und unternehmerisch. Wahrhaftige Tatmenschen, die gerne im

Zentrum des Geschehens sind und „unlösbare Probleme" lösen. Sie sind an der Welt interessiert, risikofreudig und ungeduldig. Visionäre, die offen für neue Ideen sind. Sie mögen neue Erfahrungen und Experimente. Ferner erkennen sie die Verbindungen zwischen einzelnen Ereignissen und sind mit ihren Gedanken in der Zukunft.

Spontan, kommunikativ und selbstsicher. *Reformer* neigen dazu, ihre eigenen Fähigkeiten zu überschätzen. Darüber hinaus haben sie Probleme damit, etwas zu Ende zu bringen.

Natürliche Veranlagungen des *Reformers*

- Die Quelle seiner Lebensenergie: seine äußere Welt.
- Informationsaufnahme: Intuition.
- Art und Weise wie Entscheidungen getroffen werden: Verstand.
- Lebensstil: spontan.

Ähnliche Persönlichkeitstypen

- *Direktor*
- *Logiker*
- *Stratege*

Statistische Angaben

- *Reformer* stellen ca. 3-5 % der Gesellschaft dar.
- Unter *Reformern* überwiegen Männer (70 %).
- Das Land, welches dem Profil des *Reformers* entspricht, ist Israel.

Buchstaben-Code

Der universelle Code des *Reformers* ist in den Jungschen Persönlichkeitstypologien ENTP.

Mehr:

Jarosław Jankowski
Ihr Persönlichkeitstyp: Reformer (ENTP)

Der Stratege (INTJ)

Lebensmotto: *Das lässt sich perfektionieren!*

Unabhängige, herausragende Individualisten, die über unglaublich viel Energie verfügen. Sie sind kreativ und einfallsreich. Von anderen werden sie als kompetente und selbstsichere Menschen angesehen, wenngleich sie distanziert und enigmatisch wirken. *Strategen* betrachten alle Angelegenheiten aus einer breiten Perspektive. Sie möchten ihre Umwelt perfektionieren und ordnen.

Strategen sind gut organisiert, verantwortungsbewusst, kritisch und anspruchsvoll. Es ist schwer, sie aus dem Gleichgewicht zu bringen. Zugleich ist es aber auch nicht einfach, sie völlig zufrieden zu stellen. Ihre Natur erschwert es ihnen, die Gefühle und Emotionen anderer Menschen zu erkennen.

Natürliche Veranlagungen des *Strategen*

- Die Quelle seiner Lebensenergie: seine innere Welt.
- Informationsaufnahme: Intuition.

- Art und Weise wie Entscheidungen getroffen werden: Verstand.
- Lebensstil: organisiert.

Ähnliche Persönlichkeitstypen

- *Logiker*
- *Direktor*
- *Reformer*

Statistische Angaben

- *Strategen* stellen ca. 1-2 % der Gesellschaft dar.
- Unter *Strategen* überwiegen Männer (80 %).
- Das Land, welches dem Profil des *Strategen* entspricht, ist Finnland.

Buchstaben-Code

Der universelle Code des *Strategen* ist in den Jungschen Persönlichkeitstypologien INTJ.

Mehr:

Jarosław Jankowski
Ihr Persönlichkeitstyp: Stratege (INTJ)

Der Verwalter (ESTJ)

Lebensmotto: *Erledigen wir diese Aufgabe!*

Fleißig, verantwortungsbewusst und überaus loyal. Energisch und entschieden. Sie schätzen Ordnung, Stabilität, Sicherheit und klare Regeln. *Verwalter* sind sachlich und konkret. Sie sind logisch, rational und praktisch. Sie vermögen es, sich eine große Menge detaillierter Informationen anzueignen.

Hervorragende Organisatoren, die Ineffizienz, Verschwendung und Faulheit nicht dulden. Sie sind ihren Überzeugungen treu und aufgeschlossen gegenüber anderen Menschen. Sie legen ihre Meinung entschieden dar und üben offen Kritik aus, weswegen sie manchmal ungewollt andere Menschen verletzen.

Natürliche Veranlagungen des *Verwalters*

- Die Quelle seiner Lebensenergie: seine äußere Welt.
- Informationsaufnahme: Sinne.
- Art und Weise wie Entscheidungen getroffen werden: Verstand.
- Lebensstil: organisiert.

Ähnliche Persönlichkeitstypen

- *Animateur*
- *Inspektor*
- *Praktiker*

Statistische Angaben

- *Verwalter* stellen ca. 10-13 % der Gesellschaft dar.
- Unter *Verwaltern* überwiegen Männer (60 %).
- Das Land, welches dem Profil des *Verwalters* entspricht, sind die USA.

Buchstaben-Code

Der universelle Code des *Verwalters* ist in den Jungschen Persönlichkeitstypologien ESTJ.

Mehr:

Jarosław Jankowski
Ihr Persönlichkeitstyp: Verwalter (ESTJ)

Anhang

Die vier natürlichen Veranlagungen

1. Dominierende Quelle der Lebensenergie

    o   ÄUSSERE WELT
        Menschen, die ihre Energie aus der
        Umwelt schöpfen, die Aktivitäten und
        Kontakt mit anderen Menschen benö-
        tigen. Sie vertragen längere Einsam-
        keit nur schlecht.

    o   INNERE WELT
        Menschen, die ihre Energie aus ihrem
        Innern schöpfen, die Ruhe und Ein-
        samkeit brauchen. Sie fühlen sich er-
        schöpft, wenn sie längere Zeit mit an-
        deren Menschen verbringen.

2. Dominierende Art, Informationen aufzunehmen

    o SINNE
Menschen, die auf ihre fünf Sinne
vertrauen. Sie glauben an Fakten und
Beweise und mögen erprobte Metho-
den sowie praktische und konkrete
Aufgaben. Sie sind Realisten, die sich
auf ihre Erfahrung stützen.

    o INTUITION
Menschen, die auf ihren sechsten Sinn
vertrauen. Sie lassen sich durch Vor-
ahnungen leiten und mögen innovative Lösungen sowie Probleme theoretischer Natur. Sie zeichnen sich
durch eine kreative Herangehensweise
sowie die Fähigkeit aus, Dinge vorherzusehen.

3. Dominierende Art, Entscheidungen zu treffen

    o VERSTAND
Menschen, die sich nach ihrer Logik
und objektiven Regeln richten. Sie
sind kritisch und direkt, wenn sie ihre
Meinung äußern.

    o HERZ
Menschen, die sich nach ihren Empfindungen und Werten richten. Sie

streben nach Harmonie und Einverständnis mit anderen.

4. Dominierender Lebensstil

- o ORGANISIERT
  Menschen, die pflichtbewusst und organisiert sind. Sie schätzen Ordnung und mögen es, nach Plan zu handeln.

- o SPONTAN
  Flexible Menschen, die ihre Freiheit schätzen. Sie erfreuen sich des Augenblicks und finden sich gut in neuen Situationen zurecht.

Geschätzter Anteil der einzelnen Persönlichkeitstypen an der Bevölkerung (in %)

Persönlichkeitstyp	Anteil
Animateur (ESTP):	6 – 10 %
Anwalt (ESFJ):	10 – 13 %
Berater (ENFJ):	3 – 5 %
Betreuer (ISFJ):	8 – 12 %
Direktor (ENTJ):	2 – 5 %
Enthusiast (ENFP):	5 – 8 %
Idealist (INFP):	1 – 4 %
Inspektor (ISTJ):	6 – 10 %
Künstler (ISFP):	6 – 9 %
Logiker (INTP):	2 – 3 %
Mentor (INFJ):	ca. 1 %

Moderator (ESFP):	8 – 13 %
Praktiker (ISTP):	6 – 9 %
Reformer (ENTP):	3 – 5 %
Stratege (INTJ):	1 – 2 %
Verwalter (ESTJ):	10 – 13 %

Geschätztes prozentuales Verhältnis von Frauen und Männern je nach Persönlichkeitstyp

Persönlichkeitstyp	Frauen/Männer
Animateur (ESTP):	40 % / 60 %
Anwalt (ESFJ):	70 % / 30 %
Berater (ENFJ):	80 % / 20 %
Betreuer (ISFJ):	70 % / 30 %
Direktor (ENTJ):	30 % / 70 %
Enthusiast (ENFP):	60 % / 40 %
Idealist (INFP):	60 % / 40 %
Inspektor (ISTJ):	40 % / 60 %
Künstler (ISFP):	60 % / 40 %
Logiker (INTP):	20 % / 80 %
Mentor (INFJ):	80 % / 20 %
Moderator (ESFP):	60 % / 40 %
Praktiker (ISTP):	40 % / 60 %
Reformer (ENTP):	30 % / 70 %
Stratege (INTJ):	20 % / 80 %
Verwalter (ESTJ):	40 % / 60 %

Literaturverzeichnis

- Arraj, J. (1990): *Tracking the Elusive Human, Volume 2: An Advanced Guide to the Typological Worlds of C. G. Jung, W.H. Sheldon, Their Integration, and the Biochemical Typology of the Future*. Midland, OR: Inner Growth Books.

- Arraj, J. / Arraj, T. (1988): *Tracking the Elusive Human, Volume 1: A Practical Guide to C.G. Jung's Psychological Types, W.H. Sheldon's Body and Temperament Types and Their Integration*. Chiloquin, OR: Inner Growth Books.

- Berens, L. V. / Cooper, S. A. / Ernst, L. K. / Martin, C. R. / Myers, S. / Nardi, D. / Pearman, R. R./Segal, M./Smith, M. A. (2002): *Quick Guide to the 16 Personality Types in Organizations: Understanding Personality Differences in the Workplace*. Fountain Valley, CA: Telos Publications.

- Geier, J. G./Downey, D. E. (1989): *Energetics of Personality*: Success Through Quality

Action. Minneapolis, MN: Aristos Publishing House.

- Hunsaker, P. L. / Alessandra, T. (1986): *The Art of Managing People*. New York, NY: Simon and Schuster.

- Jung, C. G. (1995): *Psychologische Typen*. Ostfildern: Patmos Verlag.

- Kise, J. A. G. / Krebs Hirsh, S. / Stark, D. (2005): *LifeKeys: Discover Who You Are*. Bloomington, MN: Bethany House.

- Kroeger, O. / Thuesen, J. M. (1988): *Type Talk or How to Determine Your Personality Type and Change Your Life*. New York, NY: Delacorte Press.

- Lawrence, G. D. (1997): *Looking at Type and Learning Styles*. Gainesville, FL: Center for Applications of Psychological Type.

- Lawrence, G. D. (1993): *People Types and Tiger Stripes*. Gainesville, FL: Center for Applications of Psychological Type.

- Maddi, S. R. (2001): *Personality Theories: A Comparative Analysis*. Long Grove, IL: Waveland Press.

- Martin, C. R. (2001): *Looking at Type: The Fundamentals Using Psychological Type To Understand and Appreciate Ourselves and Others*. Gainesville, FL: Center for Applications of Psychological Type.

- Meier, C. A. (1986): *Persönlichkeit: Der Individuationsprozess im Lichte der Typologie C. G. Jungs*. Einsiedeln: Daimon.

- Pearman, R. R. / Albritton, S. C. (2010): *I'm Not Crazy, I'm Just Not You: The Real Meaning of the Sixteen Personality Types.* Boston, MA: Nicholas Brealey Publishing.

- Segal,M. (2001): *Creativity and Personality Type: Tools for Understanding and Inspiring the Many Voices of Creativity.* Fountain Valley, CA: Telos Publications.
- Sharp, D. (1987): *Personality Type: Jung's Model of Typology.* Toronto: Inner City Books.
- Spoto, A. (1995): *Jung's Typology in Perspective.* Asheville, NC: Chiron Publications.
- Tannen, D. (1990): *You Just Don't Understand*: Women and Men in Conversation. New York, NY: William Morrow and Company.
- Thomas, J. C. / Segal, D. L. (2005): *Comprehensive Handbook of Personality and Psychopathology, Personality and Everyday Functioning.* Hoboken, NJ: Wiley.
- Thomson, L. (1998): *Personality Type: An Owner's Manual.* Boston, MA: Shambhala.
- Tieger, P. D./Barron-Tieger, B. (2000): *Just Your Type: Create the Relationship You've Always Wanted Using the Secrets of Personality Type.* New York, NY: Little, Brown and Company.
- Von Franz, M.-L. / Hillman, J. (1971): *Lectures on Jung's Typology.* New York, NY: Continuum International Publishing Group.

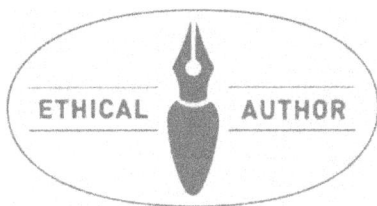

Der Leser steht an erster Stelle.

Eine Autorenkampagne
der Alliance of Independent Authors

www.ingramcontent.com/pod-product-compliance
Lightning Source LLC
Chambersburg PA
CBHW031207020426
42333CB00013B/821